DU RÉSULTAT
DES ÉLECTIONS

DE LA PREMIÈRE SÉRIE,

ET DES CAUSES QUI L'ONT AMENÉ;

FAISANT SUITE AU

COUP-D'ŒIL

SUR LA VÉRITABLE POSITION DES PARTIS
EN FRANCE.

PAR LE MÊME AUTEUR.

———

A PARIS,

CHEZ PILLET AÎNÉ, IMPRIMEUR-LIBRAIRE,

ÉDIT. DE LA COLLECTION DES MŒURS FRANÇAISES,

RUE CHRISTINE, N° 5;

ET CHEZ LES MARCHANDS DE NOUVEAUTÉS.

———

1822.

DU RÉSULTAT
DES ÉLECTIONS

DE LA Ire SÉRIE,

ET DES CAUSES QUI L'ONT AMENÉ.

L'ACCUEIL que le public a bien voulu faire aux trois éditions du *Coup-d'œil sur la véritable position des partis en France*, m'engage à en faire paraître la suite, et à présenter quelques réflexions sur ce que l'on doit prévoir du résultat des élections. On sait qu'elles sont toujours le prélude des évènemens de la session qui doit les suivre. C'est ce qui m'engage à laisser entrevoir les chances qui sont réservées aux divers partis qui se disputent le pouvoir.

L'année dernière, les royalistes se réunirent avec les libéraux, *dans une seule intention*, celle de changer le ministère. Ils réussirent dans leur projet, et se séparèrent sur-le-champ de ces alliés extraordinaires, dont les principes, diamétralement et hostilement opposés, ne pouvaient jamais se concilier ensemble. La majorité n'en resta pas moins aux royalistes. Elle était composée de ceux qui, ayant adopté franchement le parti de la légitimité, ne peuvent s'accorder avec ses ennemis. Les libéraux espéraient que le nouveau ministère désorganiserait toutes les branches de l'administration, en destituant systématiquement les premiers fonctionnaires de l'état. Il en a été autrement; et si quelques remplacemens ont eu lieu, ils ont été la suite de raisons particulières que l'on a pu deviner sans être initié dans les secrets du gouvernement. Cette conduite des chefs du pouvoir a détruit les espérances du parti libéral. Il n'a pas moins cherché à profiter des changemens partiels, qui ont eu lieu, pour répandre l'épouvante parmi les fonctionnaires qui sont restés en place. Cette tactique artificieuse a été poussée si loin, que les libéraux ont appelé destitutions les retraites volontaires.

Dans le gouvernement représentatif, le

changement de ministère doit entraîner celui des fonctionnaires qui ne veulent pas
adopter la marche que la nouvelle administration a résolu de suivre comme base de sa
conduite. Quelques-uns de ceux qui occu-
paient les secondes places de l'état suivirent
d'eux-mêmes le dernier ministère ; des employés secondaires crurent ne devoir pas
rester à leur poste ; enfin, quelques autres
furent destitués.

Il serait naturel de penser qu'un fonctionnaire public ne devrait servir qu'un seul
intérêt : celui de l'autorité à laquelle est confiée l'administration du royaume. La Charte
la donne entièrement au Roi ; ainsi, se lier
à la seule cause royale, faire exécuter les
lois, voilà la véritable impulsion qui devrait
guider l'administrateur secondaire, c'est-à-
dire, celui qui n'est pas consulté par le monarque. En agissant ainsi, l'employé doit
être certain de conserver sa place, et de
n'avoir rien à redouter d'un changement de
ministère ou de ministre, parce qu'il fait
son devoir. Mais malheureusement il n'en
est pas toujours ainsi ; l'homme en place
discute les lois, les ordonnances ; fait exé-

cuter celles dont il n'approuve pas les principes avec une insouciance qu'il ne se donne
souvent pas la peine de déguiser ; de plus il
se fait la créature de tel ou tel ex-ministre,
adopte ses opinions, ses manières de voir,
croit que lui seul peut bien gérer ; enfin, il
lie presque son sort à celui de son patron,
blâme hautement la manière d'administrer
de tout autre. Le fonctionnaire qui se con-
duit ainsi perd sa place, et on crie que l'on
destitue sans raisons, tandis que l'on ne
fait que renvoyer un mauvais serviteur du
Roi.

Souvent celui qui peut se passer pendant
quelque tems de son emploi, guidé par une
ambition démesurée, croit, d'après le faux
calcul de son amour-propre, que l'on ne
pourra pas se passer de lui, ou de l'homme
dont il est la créature. Il se retire, espérant
reparaître sous peu de tems avec plus d'é-
clat et plus de crédit. Il devient ou ouvertement ou secrètement l'ennemi du ministre
en place. Ayant quelque connaissance de la
partie dont la gestion lui était confiée, il
décrie les opérations de son successeur et
celles du ministre ordonnateur ; souvent il

donne des notes à certains députés, et même des discours tout faits, qui acquièrent à ceux qui les prononcent une réputation de connaissances dans des parties qui leur sont tout-à-fait étrangères (1). Des hommes de cette espèce intriguent en tout sens pour revenir au pouvoir, et deviennent presque factieux sans s'en douter.

Dans les siècles passés, on a vu de grands ministres s'illustrer dans la disgrâce, et le tems de leur exil devenir pour eux l'époque de leur immortalité ; mais aujourd'hui, comment se fait-il que parmi les hommes qui

(1) Un député d'un département limitrophe des côtes de l'Océan, parla, dans l'avant-dernière session, sur le *budget* du ministère de la marine, en homme qui paraissait connaître parfaitement non-seulement son administration intérieure, mais encore celle des ports, la construction et l'armement des vaisseaux, etc. ; il étonna, non par son éloquence, mais par les connaissances variées qu'il paraissait avoir dans cette partie, où elles sont si difficiles à acquérir. Le vulgaire en fut surpris. Ceux qui se sont laissé séduire en lisant *le Moniteur*, le croiront presqu'un grand homme !....... S'ils l'avaient entendu débiter ces mêmes discours, ils auraient jugé combien les diverses parties qu'il avait traitées lui étaient étrangères, et ils l'auraient renvoyé à l'enseignement mutuel pour apprendre à lire.

se retirent comblés d'honneurs et de bien-
faits, il y en ait qui tiennent une conduite si
opposée à celle de ces vertueux personnages?
Comment, au lieu de se lier avec un parti
dont ils ont dévoilé à la face de l'univers les
machinations infernales, ne repoussent-ils
pas toutes les insinuations qui leur vien-
nent des mêmes hommes qu'ils ont signalés
comme les ennemis du Roi et de la France?
Quel aveuglement les entraîne à se déclarer
presque les émules de ces ambitieux qu'ils
ont méprisés et qu'ils ont si bien fait connaître?..... Ils espèrent, me dira-t-on, en se
mettant à leur tête, en faire des sujets
fidèles et soumis; je crois que ce sont leurs
intentions, ou que ce sont celles sous les-
quelles ils se dissimulent à eux-mêmes l'en-
vie de parvenir de nouveau au faîte du pouvoir........ Je crois qu'ils se laissent égarer
par de faux amis, sans connaître dans quel
abîme ils les précipitent..... Qu'ils entendent
la voix d'un vrai Français; elle leur dira:
« Connaissez ceux qui se servent de vous;
sachez qu'ils vous conservent une haine se-
crète; je dirai même qu'ils ont pour vous
un autre sentiment; si vous pouviez en dou-

ter, rappelez-vous les intentions que vous leur connaissez, et vous jugerez de l'estime qu'ils peuvent avoir pour un fidèle serviteur du Roi!..... C'est cette voix, qui exprimait si bien votre amour pour votre souverain, qui m'a appris à apprécier vos nouveaux alliés! Si les hommes auxquels vous ne pouviez reprocher qu'un zèle trop ardent, sont injustes à votre égard, est-ce une raison pour vous jeter au milieu de ceux que vous appeliez factieux (1)? Si vos opinions ou des ressentimens que vous pouvez croire justes, vous éloignaient de donner votre voix à un candidat ministériel, je crois que votre position vous commandait au moins la neutralité dans les élections, et non un vote ostensible. Cette marque de prudence aurait fourni à ceux qui n'ont cessé de sou-

(1) Je suis bien loin de vouloir mettre au nombre des factieux certains candidats présentés par le parti de l'opposition; je répéterai même que plusieurs d'entre eux ont montré une véritable allégresse à l'apparition de l'auguste famille qui nous gouverne; mais je leur demanderai toujours pourquoi ils ne manifestaient pas leur indignation en entendant certains discours. Enfin nous verrons quelle sera aux prochaines sessions la conduite de ces amis de la légitimité.

tenir la pureté de vos intentions, les moyens de continuer à les défendre. Revenez de votre égarement, et reprenez le seul rôle qui soit digne d'anciens ministres du Roi.

» S'il existait une opposition qui n'eût d'autre but que d'affermir notre forme de gouvernement, qui n'eût d'autres vues que celles de maintenir le principe de la légitimité qui seul peut assurer le repos de la France ; si vous vous placiez dans une semblable opposition, sans calculer le degré d'influence que vous y exerceriez, je vous dirais, votre conduite est légale ; mais est-il possible que vous soyez la dupe des hommes auxquels vous vous réunissez, vous, à qui je répéterai, qu'étant ministres du Roi, vous avez révélé à la France leurs machinations ? Rappelez-vous donc tant d'évènemens séditieux qui se sont succédé ; vous ne pouvez avoir oublié ces circonstances ; ou à l'époque où vous en dévoiliez les trames, vous trompiez le Roi et la France. Oseriez-vous dire aujourd'hui : Nous étions alors dans l'erreur ? Vous ne ferez pas cet aveu : ce serait donner la preuve d'une incapacité qui vous écarterait pour toujours de la place à laquelle vous aspirez........ Je sais que vous avez demandé à vos nouveaux alliés une profession de foi qui se rapprocherait un peu de ce que j'exige pour base d'une opposition légale ; ce n'est pas la première fois qu'ils en font de semblables ; elles ont toujours été suivies de quelques mouvemens séditieux. Puisse celle-ci n'avoir pas le même résultat ! »

En appréciant les combinaisons électorales machinées par le parti libéral, il est aisé de voir quelles étaient les espérances de ceux qui les ont dirigées. Une réunion que je ne qualifierai point, mais dont les résultats ont été avantageux à la cause des royalistes, eut lieu à la session dernière. N'est-il pas probable qu'en formant, au moment des élections, alliance avec l'extrémité de gauche, on a cru pouvoir aussi se servir de cette extrémité pour renverser le ministère existant? On supposait que quelques membres du centre droit s'y réuniraient, et que l'on aurait ainsi une majorité du *moment ;* car on ne doit pas croire que ces députés fussent disposés à rester les alliés de ceux dont ils avaient trop bien apprécié les vues pour se ranger sous leurs bannières : l'espoir des machinateurs aurait été déçu. Le centre droit est royaliste, et veut l'affermissement de nos institutions : n'aurait-il pas redouté que de semblables jongleries politiques, se renouvelant trop souvent, les effets n'en rejaillissent sur les marches du trône ?..... il aurait repoussé ces insinuations, et la majorité serait restée telle qu'on l'a vue à la session dernière. En cas que l'on ne réussît pas à entraîner les hommes respectables dont je viens de parler, on espérait mettre en avant l'opinion publique, et nous répéter avec ostentation : *Les élections ont parlé !* Oui, elles ont parlé ; et ce n'est point par la voix des *grands colléges*, de ces colléges *enfans* et *soutiens des priviléges*, que je vais exprimer l'opinion publique : dans sept départemens elle a été unanime en faveur de l'opinion qui doit réunir tous les intérêts. Dans un arrondissement, *quatre* voix, sur environ *cent*, ont parlé pour le candidat libéral. Dans cet arrondissement, celui de *Redon*, les quatre centièmes de la masse qui représente le peuple ont voté dans votre intérêt..... Je ne connais point les autorités de ce pays ; mais elles méritent la reconnaissance de tous les amis du trône, puisqu'elles ont empêché l'intrigue de venir mêler sa voix pour dissimuler la véritable opinion qui existe parmi l'immense majorité des Français. Je sais que vous répéterez ce qu'ont dit vos journaux : *Paris est le centre de l'opinion publique;* et moi je dirai que *Paris* est la ville du royaume où l'intrigue a le plus d'ascendant; tant d'intérêts particuliers y sont aux prises avec l'intérêt général, surtout parmi la masse des électeurs, que sans la plus mauvaise foi on ne peut la considérer comme le siége de l'opinion publique.

Je crois que c'est le moment de traiter une grande question, celle de l'influence que le gouvernement doit exercer sur les élections. A différentes époques, j'ai manifesté mon opinion à cet égard; elle sera toujours la même; quoique je me sois trouvé en opposition avec des publicistes du premier ordre, je répéterai avec conviction qu'il n'y a point de gouvernement représentatif possible, si le trône n'a une influence directe sur les élections. Cette influence existe 1° dans l'action que la loi confère au ministère , qui est la fixation de l'époque de la convocation des colléges électoraux , celle du lieu où ils seront réunis , la nomination des présidens des colléges et celle des bureaux provisoires ; 2° la direction que doivent donner les autorités locales. Voilà l'influence du trône qui doit toujours exister ; c'est celle qui, chez nous , remplace l'influence immense que le ministère anglais a sur les élections ; influence, sans laquelle ce gouvernement n'existerait plus, et serait remplacé ou par le despotisme, ou par l'anarchie la plus complète. J'entends mes adversaires s'écrier : nous reconnaissons cette influence ; mais les circulaires des ministres , les menaces faites à leurs subordonnés sont-elles légales?

Lorsque toutes les intrigues sont mises en jeu, pour séduire et entraîner à soi les employés du gouvernement ; lorsqu'on leur dit : « Votez avec nous, et nous renverserons le ministère ; il sera remplacé par un autre qui, à ce prix, vous promet un avancement certain ; » quoi ! après de semblables insinuations mises en avant, les ministres ne pourront pas dire aux fonctionnaires sous leurs ordres : « Votre conduite aux époques des élections me prouvera la confiance que je peux avoir en vous, et sera le mobile de ma conduite à votre égard !... » On me citera ce publiciste royaliste, qui, à une autre époque, blâma ouvertement un semblable acte ministériel ; pourquoi faut-il que je lui dise ? « Au moment où vous traciez ces lignes, c'était alors le ressentiment qui parlait, et non cette justesse de raisonnement qui se fait presque toujours remarquer dans vos écrits. » Je dis que les ministres qui ont fait une semblable circulaire ont usé d'une réciprocité légitime.

Quelques libéraux, qui aujourd'hui se disent *constitutionnels*, reconnaissent qu'en fait d'élections, on peut aller chez son marchand et lui dire : « Je sais que votre opinion est royaliste, et que si vous allez au collége électoral, vous donnerez votre voix au candidat *royaliste* de préférence au candidat *libéral.* Je vous préviens que si vous y paraissez vous perdrez ma pratique et celle de mes amis ; vous et votre famille vivez en majeure partie des gains que vous faites avec nous ; en agissant comme je l'exige, vous conserverez votre existence et celle de vos enfans... (1). » On reconnaît une semblable influence pour soi, et le gouvernement ne pourrait pas faire les circulaires qu'on a blâmées avec tant d'injustice !...

Un penseur, dont les opinions sont écoutées avec une déférence qui est due à la supériorité de son talent (M. de Bonald), a dit que le gouvernement représentatif était celui de l'ambition. Comme les ressorts que fait mouvoir l'ambition pour arriver à ses fins, sont indéfinis, et basés le plus souvent sur l'intrigue, la séduction, et quelquefois sur des moyens illicites qui feraient rougir les consciences les moins timorées, il faut, si l'on a les avantages de ce mode de gouvernement, en supporter les inconvéniens, quelque grands qu'ils soient, ou renoncer au gouvernement représentatif (2).

(1) Le fait que je cite s'est passé aux dernières élections, dans le 11ᵉ arrondissement municipal de Paris : le candidat royaliste était M. Damécourt, le candidat libéral M. Salleron.

(2) En 1789, le duc de ***, pair d'Angleterre, chef de l'opposition et ami du prince *de Galles*, aujourd'hui roi des Trois Royaumes-unis, voyageait sur le continent. Il

Je reviens aux fameuses circulaires minis-
térielles qui ont été tant attaquées, et qui le
seront encore même à la tribune de la Chambre des députés, au moins on doit le pré-
sumer. Je dis qu'il y a de la loyauté dans
cette conduite du ministère ; car il était possible qu'au lieu d'agir ostensiblement, les
ministres l'eussent fait secrètement, comme
cela s'opérait à d'autres époques. Le résultat
pour le ministère aurait été le même ; mais
il a voulu que sa conduite n'eût rien de té-
nébreux ; en cette circonstance, le ministre
des finances a suivi l'exemple de M. Roy, son
prédécesseur.

était riche de plus de deux millions de rentes ; sa fortune
se trouvait obérée : il s'était déterminé à voyager pour
faire des économies. Au nombre des dépenses qui avaient
occasionné le dérangement momentané de ses affaires, on
mettait celles qu'il avait faites pour protéger l'élection de
M. *Fox*, et on assurait que cette dépense seule lui avait
coûté une année de son revenu ; ce pair ne niait pas le fait.
J'ai vécu à cette époque dans son intimité, et je peux assurer que ce n'était pas l'ambition qui l'avait fait agir. Il
disait : « Je suis dans ce parti-là ; je dois le soutenir. »
Il est certain qu'en Angleterre les voix s'achètent, et que
si l'époque des élections y dérangent quelques fortunes,
elles en arrangent beaucoup d'autres.

Le taux de la somme fixée par la Charte pour être électeur, est de 3oo fr. d'impositions directes. Ses rédacteurs ont pensé y trouver celui de la vraie indépendance ; car il est probable que l'homme qui paie cette quotité d'impôt jouit au moins de deux mille francs de rente (1). Je conviens qu'en province celui qui possède ce revenu a son entière indépendance ; mais dans la capitale, les choses sont bien différentes. Le particulier qui ne jouit que de 2000 fr. de revenu, a une existence si précaire, est dans une dépendance telle qu'il est à la disposition des intrigans qui l'assiégent continuellement, et lui font entrevoir mille chances avantageuses. Par ces moyens astucieux, on le séduit, et on lui extorque son vote pour le faire tomber sur le parti auquel on est accolé.

(1) Je demeure à Paris ; j'en juge par ce que je vois sous mes yeux : une maison qui paie *trois cents francs* d'impositions rapporte plus de *deux mille francs* de revenu. Je sais que dans certaines maisons l'impôt des portes et fenêtres est très-onéreux ; mais les propriétaires en ont fait un impôt locatif. Si, dans le département de la Seine, celui qui paie *trois cents francs* a au moins deux mille francs de rentes, que l'on apprécie la justesse de mon raisonnement.

Je viens de parler de l'influence qui agit sur les petites fortunes, et de prouver qu'à *Paris* elles étaient le domaine de l'intrigue, et que le résultat des élections qui s'y sont faites par les colléges d'arrondissement, ne prouvait pas la véritable opinion publique ; dans tous les cas, la grande majorité de la France a répondu aux électeurs des arrondissemens de Paris. Ce qui vient de se passer dans la seconde ville du royaume (Lyon), est trop remarquable pour que je n'en dise pas un mot. Il y a peu de mois qu'un arrondissement de cette ville avait élu un député, et le résultat de l'élection avait été tout contraire à celui que vient de faire le même arrondissement. Cette ville, pendant tout le tems de la révolution, fut le siége du royalisme ; on ne pouvait concevoir comment elle avait pu se laisser entraîner dans d'autres sentimens ; enfin elle vient de revenir à ses vrais principes. Je me demande ce qui a pu opérer un changement si prompt parmi ses électeurs. Je crois que les *répugnances* de M. Manuel ont ouvert les yeux aux amis du trône, qui ne croyaient avoir envoyé à la Chambre des députés que des

2

partisans d'une opposition légale, et non des amis de ces hommes qui osent supposer que le retour des *Bourbons* avait été vu avec répugnance. Je crois encore que le hasard qui souvent a été cause que M. de Corcelles se trouvait toujours dans les rassemblemens séditieux, a été pour les électeurs un avertissement salutaire qui les a engagés à ne pas renvoyer à la Chambre des députés un homme qui compromettait sa dignité, et qui, par sa présence dans les groupes séditieux, encourageait les perturbateurs du repos public. Enfin, cette ville est revenue aux vrais principes, et ce qui vient de s'y passer à la suite des élections prouve que le parti qui portait M. de Corcelles, ne veut triompher qu'à l'aide de la sédition.

En voilà assez pour prouver par le résultat des élections que la véritable opinion publique s'est manifestée dans les colléges d'arrondissemens, de manière à ce qu'elle ne puisse pas être révoquée en doute, et que ce n'est pas Paris que l'on doit considérer comme en étant le régulateur.

Le grand collége de la *Seine* vient de nommer les députés désignés par le parti libéral. Il a sanctionné ce qu'avait fait la majorité des colléges d'arrondissement de la capitale. Nouveau triomphe pour ce parti, qui reconnaît aujourd'hui que les grands colléges de trois ou quatre départemens, à la tête desquels il faut placer celui de *la Seine*, ne sont pas les soutiens du privilége. Les directeurs des élections du département de la Seine qui se sont mis nouvellement dans le parti de l'opposition, ceux qui ont exigé les déclarations de principes dont j'ai déjà parlé, déclarations qui ont été faites par le journal régulateur du parti (*le Constitutionnel*), ont bien senti qu'ils n'auraient pas la majorité dans les départemens. Ils se sont dit : « Il faut l'avoir dans celui de la *Seine ;* et nous chercherons à prouver que la capitale est le lieu où se manifeste la véritable opinion publique. » Ces hommes, dont quelques-uns ont été à la tête du pouvoir, connaissaient trop bien la composition du collége électoral de la Seine pour penser qu'ils parviendraient à y obtenir la majorité s'ils y portaient certains hommes que je m'abstiendrai de nommer, et qui sont bien connus ; aussi ont-ils désigné pour candidats des hommes qui tout en ne partageant pas entièrement les opinions du ministère, s'en écartent peu, c'est-à-dire des hommes qui ont adopté pour base de leurs principes politiques de reconnaître celui de la légitimité dans la dynastie des Bourbons. Deux colléges d'arrondissement de cette ville n'ayant pas nommé MM. Ternaux et Gaspard Got, les directeurs ont trouvé en eux deux candidats précieux pour le grand collége. Ils les ont placés à la tête de leur liste, et ont mis à côté d'eux un avocat auquel on reconnaît du talent, et un maître des requêtes, fils d'un homme sacrifié dans la tourmente révolutionnaire, et dont les ouvrages, semés de pensées philantropiques, ont depuis long-tems attiré sur lui l'attention publique. Ils ont été nommés députés. S'ils siégent, comme cela paraît certain, sur les bancs de l'opposition, il est présumable qu'ils chercheront à la ramener aux principes de sagesse dont malheureusement elle ne s'est jusqu'à ce jour que trop écartée. Pour lors, l'opposition sera ce qu'elle doit être parmi des hommes qui veulent sincèrement le bonheur de leur patrie. Pour atteindre ce but, il faudrait que la partie de l'opposition que j'ai désignée dans l'opuscule auquel celui-ci fait suite, comme l'arrière-garde de l'armée d'opposition, passât à l'avant-garde. Si cette marche s'effectuait, les ex-ministres du Roi qui se sont ouvertement placés dans cette opposition, prouveraient des intentions, sinon ambitieuses, au moins apparentes pour l'affermissement de nos institutions. Si les résultats des dernières élections ont pour le trône cet avantage, on pourra dire qu'il est dû à la force de l'opinion publique, qui a voulu prouver qu'au lieu d'avoir vu les Bourbons *avec ré-pugnance*, la France les avait vus remonter sur le trône de leurs aïeux avec cette joie qui lui était inspirée par l'assurance qu'eux seuls pouvaient y ramener *la paix*, *l'ordre*, *la tranquillité*, et cette *vraie liberté* qui n'a existé que depuis leur apparition sur le sol français. Si l'arrière-garde de l'opposition devient l'avant-garde, cela sera dû à la marche du gouvernement, qui a prouvé, en renonçant à la censure, qu'il voulait la vraie liberté de la presse, celle qui est réprimée par des lois fortes, mais qui peut san

danger dévoiler les abus et les actes arbi-
traires des agens du pouvoir. Enfin la presse
est devenue une arme légale qui peut fortifier
l'autorité, et non la renverser à force de ca-
lomnies. Les ministres feront leur devoir en
faisant exécuter avec une sage fermeté les
lois sur cette partie si essentielle au repos
public. On peut dire que notre position
s'est améliorée par la conviction où est tout
homme de bonne foi, que la marche du gouvernement est franche et constitutionnelle.

Le résultat des élections prouve ce que je
viens d'avancer, et si le grand collége de la
Seine et ceux de deux autres départemens
n'ont pas donné leurs voix aux candidats
royalistes, les douze autres ont été si una-
nimes dans leurs choix, que la véritable opinion publique en France ne peut plus être
mise en doute.

Avant de terminer cette faible esquisse
sur l'opinion publique, je dois parler des
moyens qu'on emploie pour la pervertir. On
dit à la nation : « Il existe un parti en France,
ennemi de vos libertés, qui veut tout pour
lui, qui ne rêve que le passé, qui veut re-
prendre ses anciennes propriétés, qui veut

enfin une contre-révolution complète. Ce parti se compose de l'ancienne noblesse, et de tout ce qui rêve priviléges : aujourd'hui le ministère est à la tête de ce parti. » Ceux qui tiennent un semblable langage n'ajoutent pas foi à cette fantasmagorie ; mais enfin il faut effrayer la masse de la population, et on sait que c'est un moyen infaillible d'y parvenir, parce que ses intérêts sont liés au maintien de ce qui existe. Ce n'est certainement pas par la composition du ministère que l'on peut juger que ce sont les intérêts gothiques qui doivent prédominer. Si j'y vois deux noms qui rappellent des souvenirs dont la France ancienne doit être glorieuse, j'y en vois aussi un qui doit à lui même l'illustration dont ses descendans s'énorgueilliront, et qui appartient entièrement au nouvel ordre de choses. Quant aux trois autres ministres, qui plus qu'eux doit désirer le maintien de l'ordre des choses actuelles ? Sans lui, ils auraient joui dans leur province d'une réputation de talens, de probité et de vertu qui leur aurait acquis l'amour de leurs concitoyens ; mais là se seraient arrêtées les bornes de leur gloire ; tandis qu'aujourd'hui

non-seulement la France, mais presque l'u-
nivers entier a les yeux fixés sur eux.

Comme je parle du résultat des élections,
je ne dois pas omettre une circonstance qui
m'a frappé; c'est qu'un des reproches les
plus spécieux que j'aie entendu faire au
ministère, c'est celui d'avoir présenté pour
candidats, surtout à Paris, des hommes dont
les noms étaient peu connus; ce reproche
lui était adressé même par le parti de l'opposition. Ces hommes peu connus étaient
presque tous des fonctionnaires intègres,
bien connus et vénérés de la partie de leurs
administrés avec lesquels ils ont le plus
de rapport, c'est-à-dire, de la partie peu
fortunée. C'étaient des magistrats qui ho-
norent leur profession; enfin ils étaient pris
parmi l'élite du commerce de Paris. Il faut
le dire, les choix étaient plébéiens. Voilà le
regret de certains hommes qui ne pouvaient
pas mettre en avant qu'ils étaient pris dans
les rangs des anciens privilégiés. Enfin, je
répéterai avec confiance que l'on parle toujours de priviléges, et que je n'en vois
nulle part. Ceux qui existaient avant la révolution ont disparu, et personne n'en de-

mande le rétablissement. S'il y a quelques
regrets, ils sont naturels, et on doit plain-
dre ceux qui par leur position sont réduits
à en avoir, et non les insulter en leur sup-
posant des intentions hostiles.

Je reviens au résultat des élections de la
première série, et je dis qu'il n'y en a jamais
eu de plus satisfaisant, puisque tout le monde
crie victoire, et veut avoir gain de cause. On
semble même être raccommodé avec la dernière loi des élections. Ce serait une grande
victoire remportée par le gouvernement,
si on persistait dans cette assertion ; mais
bientôt on changera de langage, parce
qu'on saura de quel côté est la victoire : on
le sait bien déjà ; mais on cherche à le dissimuler. Quant au résultat sous le rapport
de l'opinion publique, il n'y a aucun doute ;
l'avantage est du côté des royalistes. Croi-
rait-on que les libéraux, qui veulent bien le
reconnaître, en conçoivent quelques espérances, et vont jusqu'à dire que ce sera pour
eux un gain de cause certain ? Leur machia-
vélisme leur fait supposer une désunion pro-
chaine dans le camp royaliste. « Chacun vou-
dra, disent-ils, avoir part à la dépouille de

l'ennemi, et le moment du partage sera celui de leur rupture. » Ils redoutent la marche du ministère actuel. Déjà ils prétendent cu'il n'y a pas d'accord entre les ministres. Voilà sur quoi ils fondent leur espoir !... (1). Les vrais Français en ont un autre qui me paraît mieux fondé. Ils espèrent que les royalistes, forts de leur position, qui tous les jours s'améliore, se serreront autour du ministère ; qu'unis avec lui d'intentions et de principes, ils s'associeront à ses travaux devenus moins difficiles aujourd'hui, qu'il est éclairé par les élections, qui lui ont appris à distinguer ses véritables amis de ceux qui s'étaient jusque là couverts du masque de l'hypocrisie. L'opinion publique s'est déclaré manifestement pour les ministres. Cette opinion leur demande d'agir avec fermeté et modération. Ils doivent exécuter avec discernement ce que leurs circulaires ont énoncé, sinon elles seront considérées comme

(1) La tactique en usage depuis quelques années est de chercher à faire croire qu'il n'y a pas accord entre les ministres. Elle est trop connue pour que les royalistes donnent dans un piége qui n'est tendu que pour les déçunir.

un jeu, et leurs ennemis se montreront avec plus d'audace.

J'ai tracé le devoir d'un fonctionnaire public. Celui à qui sa conscience ne donne pas la force de le remplir avec loyauté, doit se retirer volontairement, ou s'attendre à être renvoyé. Plus l'on invoque le maintien du gouvernement représentatif, et plus l'on doit, lorsque l'on est employé du gouvernement, faire abnégation de ses opinions et de ses affections particulières. Sans cette résolution on remplit mal sa tâche, et l'on entrave l'action de la loi. Je sais que l'on élude souvent d'adopter ce système, sous le prétexte qu'il faut servir sa patrie avant tout ; mais bien servir sa patrie, c'est bien servir son roi, et bien servir son roi est, pour un fonctionnaire public, la rigoureuse obligation d'exécuter les ordres du gouvernement.

J'ai prouvé que le résultat des élections était avantageux pour l'opinion royaliste. Je peux assurer maintenant que les destinées de la France sont dans les mains des députés qui formeront la majorité. D'après les combinaisons de ce qui vient de se passer aux élections, il ne doit plus y avoir que deux côtés à la Chambre des députés : le côté droit et le côté gauche. Chaque député doit y fixer sa place selon ses opinions, et non d'après les instigations du parti qui l'a nommé. Les discussions prouveront si l'opposition sera légale, ou hostile contre le trône et la Charte, qui sont aujourd'hui plus que jamais inséparables l'un de l'autre. L'union de la majorité en fera la force. J'ose conseiller aux membres qui la composeront de regarder le moins possible en arrière, de voir le présent, et de jeter les yeux sur l'avenir ; de ne plus se rappeler qu'il a pu y avoir des momens de désunion entre eux, de ne voir que l'accord existant actuellement. Je leur conseille d'éloigner d'eux les hommes qui voudraient le troubler par de perfides insinuations. Il faut que les royalistes se persuadent bien que les factieux, ennemis de la religion, du trône et de la Charte, fondent leurs espérances sur cette divergence d'opinions dans la majorité ; et que ce qui les a le plus affectés pendant les élections, est l'union qui, dans ce moment, a existé entre tous. les rais Français. *Qu'ils continuent donc à ne plus faire qu'un seul corps dans les chambres et hors des chambres, secondant de tous ses moyens le ministère auquel Sa Majesté a accordé sa confiance, et dans lequel la France a placé toutes ses espérances.* Ce conseil vient de leur être donné par M. Clausel de Coussergues, et je le leur renouvelle avec l'intime conviction où je suis qu'en le suivant ils anéantiront en peu de tems la faction ennemie de nos vraies libertés contitutionuelles.

On doit s'attendre, de la part de l'opposition, aux attaques les plus virulentes; l'esprit de violence qui s'est manifesté pendant les élections se remontrera avec plus de force dans la session qui va s'ouvrir. On se voit réduit aux abois; pour échapper à la ruine qui menace le parti, on redoublera d'efforts et d'audace. Tous les moyens seront mis en usage. Un des plus usités depuis quelques années, est celui de semer les méfiances. On a vu qu'il n'a pas été négligé depuis quelque tems; on le renouvellera encore. C'est contre ce système perfide que je ne peux trop engager les députés de la majorité à se tenir en garde. Je pense que les royalistes du centre, qui se croyaient liés par quelques engagemens politiques, doivent les considérer comme non avenus; les nouvelles intimités que se sont formées ceux avec lesquels ils pouvaient avoir contracté ces engagemens, doivent leur faire regretter de les avoir pris. Ces députés avaient cru agir dans l'intérêt du trône : ce même intérêt doit aujourd'hui donner une autre direction à leur conduite. Quelques-uns de ceux à qui j'adresse cet avis ont gardé, dans la dernière session, un silence obstiné. Un d'eux (M. de Vandœuvre) avait prononcé, dans la session de 1820, un discours tellement remarquable que l'on a pu, dans celle qui l'a suivie, s'étonner et s'alarmer de son silence. Les autres, qui ont toujours professé comme lui des principes de nature à être avoués par les amis les plus vrais de la légitimité, doivent reparaître avec assurance à la tribune, continuer à y combattre les principes dont je les ai vus gémir à la session dernière. Ce n'est plus le moment de s'en tenir à des frémissemens d'horreur ; il faut qu'ils écrasent du poids de leur mâle éloquence les orateurs audacieux qui osent, du haut

de la tribune, proférer des blasphèmes séditieux.

Je répète avec la conviction la plus intime que, d'après la situation politique de la
Chambre des députés, et celle des ministres,
dont la marche est d'accord avec l'opinion
royaliste, il ne doit plus y avoir de position
mixte ; que, dans l'intérêt de la majorité, il
vaut mieux qu'elle soit plus faible en nombre,
et qu'elle soit compacte, que d'être très-
nombreuse et flottante. Il ne doit y exister
qu'un seul intérêt, celui de seconder le ministère ; le député qui se place dans les rangs
ministériels, ne doit le faire qu'en adoptant
franchement le système suivi par le gouvernement : s'il ne l'adopte pas, il doit s'asseoir
sur les bancs de l'opposition. En *Angleterre*,
les ministres ne se mettent jamais dans le
cas de voir rejeter une seule de leurs propo-
sitions. Avant de les présenter ou de les soutenir, ils consultent les membres les plus in-
fluens du parlement. Forts de leur assentiment, ils ne balancent plus dans la conduite
qu'ils doivent tenir. Je crois que la marche
à suivre par nos ministres doit être la même.
Ayant seuls la proposition de la loi, leur

position paraîtrait, au premier aperçu, dif-
férente ; mais, en y réfléchissant, on jugera
que leur conduite ne peut être incertaine.
C'est en vacillant, que nos premiers minis-
tères ont perdu la majorité ; car il n'est pas
agréable pour un député d'avoir une opinion
qui paraît douteuse. L'homme délicat se dé-
cide avec répugnance à jouer un semblable
rôle.

Dans *mon Coup-d'œil sur la véritable position des partis en France*, j'ai parlé avec
les sentimens de l'indignation des petits
moyens employés par la minorité pour en-
traver la marche de la Chambre des députés ;
et, par cette tactique, arrêter celle du gouvernement, et même la paralyser. Ces
moyens sont d'abord d'arriver tard à la
séance, et de s'en aller à un signal convenu.
Il est facile à une majorité bien d'accord de
déjouer une semblable manœuvre ; c'est de
se trouver de bonne heure à la séance, et de
n'en désemparer qu'au moment où elle est
levée. Vient ensuite celui de ne pas prendre
part à la délibération : la majorité peut encore le déjouer par le même moyen. L'autre
tactique tend à prolonger la discussion en

traitant tout autre sujet que celui sur lequel on est appelé à parler. Le règlement fournit au président un moyen certain, c'est le rappel à la question. Je sais qu'il faut de la fermeté de sa part; mais je m'en rapporte à M. *Ravez;* je mets son nom en avant, car je ne doute pas que la majorité ne le présente au Roi comme l'un des cinq candidats, et que le choix du monarque ne réponde au vœu de tous ceux qui ont su apprécier son talent.

Puisque je parle des moyens employés pour prolonger une discussion, il en est un que je ne dois pas oublier; c'est celui des *amendemens*, *sous-amendemens* et *sous-amendemens* des *sous-amendemens*. Il faut les avoir entendu proposer, pour se persuader, comme je le suis, que la plupart ne sont présentés que par pure dérision, et que l'on s'en fait un jeu. La charte avait posé des bornes au droit qu'ont les chambres d'amender un projet de loi; mais l'usage a fait tomber en désuétude l'article qui fixait ces limites. On a voulu abréger les discussions; mais par les abus qui se sont introduits, on n'a fait que les prolonger. Il serait instant d'y remédier : je n'ose proposer un moyen. Il y en a que je connais qui conviendraient à la majorité; mais ils feraient supposer qu'elle veut attenter au droit d'amendement. Je crois que le plus simple serait de rentrer dans la stricte exécution de la charte.

Je ne puis omettre de parler de la clôture. La majorité a, par elle, un moyen à peu près certain de mettre un terme à des discussions le plus souvent oiseuses. Elle doit s'en servir lorsqu'elle se croit suffisamment éclairée ; mais, pour que le moyen soit efficace, il faut que l'on remédie à l'abus excessif des amendemens; sans cela, la discussion se rengage et devient interminable.

J'ai souvent réfléchi sur une chose qui paraît de peu de conséquence au premier aperçu, mais que je crois très-utile, surtout dans ce moment, où il ne peut plus exister dans la Chambre des députés qu'un côté droit et un côté gauche ; je veux parler de la place des ministres. On pouvait la considérer comme indifférente lorsqu'ils s'appuyaient sur les deux parties du centre ; mais, dans le moment actuel, où ils ont pour auxiliaire le côté droit, leur véritable place est sur le banc qui est de ce côté, et non sur celui du du côté gauche. Ils y seront au milieu de leurs amis, et pourront se concerter avec eux sur la marche à suivre dans les discussions. On dira que je m'occupe de choses bien minutieuses ; si, comme moi, on suivait exactement les séances, on jugerait qu'elles ne le sont pas tant qu'on veut bien le croire. Ceux auxquels j'adresse ces réflexions les pèseront dans leur sagesse ; mais je dirai que les ministres m'ont paru, dans la session dernière, inconvenablement placés sur le banc où ils se sont mis jusqu'à ce moment.

Je termine cet opuscule ; j'ose croire que le public y fera le même accueil qu'il a bien voulu faire au *Coup-d'œil sur la véritable position des Partis en France.* Ce premier ouvrage, qui semblait être purement de circonstance parce que je l'avais adressé aux électeurs de la première série, doit avoir été jugé sous d'autres rapports par tous ceux qui l'ont lu. Il renferme, ainsi que celui-ci, des faits historiques et de véritables notions sur la situation des choses, qui ne seront pas perdues pour les hommes qui écriront un jour l'histoire. J'ai parlé d'après ma conviction intime, je n'ai pas dit un mot qui ne fût dans ma pensée. J'ai écrit avec bonne foi ; je crois l'avoir fait dans l'intérêt de ma patrie, de mon Roi et de son auguste famille. J'espère avoir l'assentiment des honnêtes gens ; c'est le seul que j'ambitionne. Si mon but est rempli, ce sera la véritable récompense de mes travaux.

FIN.

DE L'IMPRIMERIE DE PILLET AINÉ.

www.ingramcontent.com/pod-product-compliance
Lightning Source LLC
Chambersburg PA
CBHW051748050726
47598CB00003B/1383